EMF2-0027
合唱楽譜<J-POP>
J-POP
CHORUS PIECE

合唱で歌いたい！ J-POPコーラスピース

女声2部合唱

いのちの記憶

（二階堂和美）

作詞・作曲：二階堂和美　合唱編曲：西條太貴

••• 演奏のポイント •••

♪とてもシンプルなメロディーですが、歌詞は壮大で意味深い内容です。歌詞をよく理解して歌うようにしましょう。

♪言葉を丁寧に、美しく発音するように心掛けましょう。

♪Ⓕの2分音符にはイメージタイが付いています。ピアノの旋律に溶け込んでいくようにデクレッシェンドさせて歌いましょう。

♪歌の旋律がシンプルな分、ピアノ伴奏は曲の盛り上がりを意識して演奏しましょう。Ⓕは声部が沢山入り組んでいますが、急がずに落ち着いて演奏しましょう。

【この楽譜は、旧商品『いのちの記憶（女声２部合唱）』（品番：EME-C2018）とアレンジ内容に変更はありません。】

ELEVATO
MUSIC ENTERTAINMENT

いのちの記憶

作詞・作曲:二階堂和美　合唱編曲:西條太貴

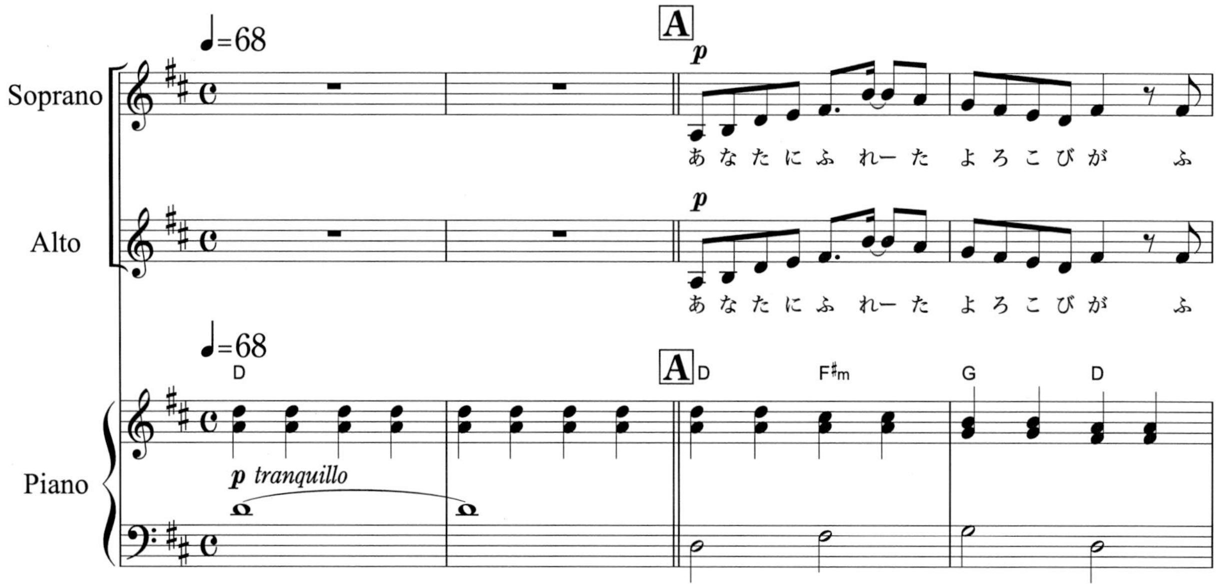

5
かーくふかく このからだのはしーばしに
かーくふかく このからだのはしーばしに
A
D
G
A7/G
D/F♯
B7
9
mp
B
しみこんでゆく ずーっと とおーく なに
と こころに とも
mp
しみこんでゆく ずーっと ーとおーく なに
じーっと ーこころに とも
Em7
A7
Dsus4
D
B
A/C♯
D7/C
mp
13
もわからなく なーっても たとえこのいのーちがおわ
すじょうねつの ほのーおも そーっときずをさーするかな
もわからなく なーっても
すじょうねつの ほのーおも
Hum.
Hum.
おわ
かな
G/B
G♯dim7
D/A
B7
Em7
A
D
Bm7
p

17
C
mf
るときがきても
しみのふちにも
いまのすべては
いまのすべては
Em7 G6/A D D7 G G♯dim7 D/A Bm7
21
かこのすべてーー
みらいのきぼうー
かならずまたあえるな
かならずおぼえてるな
Em7 A7 D D7 D7(♯5)/F♯ G A7/G F♯m Bm
25
1.
D
つかしいばしょでー
Em A D G♯m7(♭5) Em7/G F♯m B7

29
E
mp
あ な た が く れー た ぬ く も り が ふ
mp
Hum.
Em7 G/A D
E
D D/F♯ G6 D/F♯
mp
33
か ー く ふ か く
Hum.
ふ か く ー ふ か ー く い ま は る か な と きー を こ え
A A7 D G A7/G F♯m7 B7
37
2.
Hum.
じーっ つ か し い ば しょ で
み ち わ たーって く つ か し い ば しょ で
Em A7 G/D D
2.
Em A D
6
6

41
F
f
Gm9/C
F/C
Gm9/C
F
Dm7
f maestoso
45
G♯m7(♭5)
A7(♯5)/G
F♯m7
B7(♭9)
Em7
G/A
A7(♭9)
D
D9
D7(♭9)
49
G
いまのすべては
かこのすべてーー
いまのすべては
みらいのきぼうー
いまのすべてはーーすべてーー
いまのすべてはーー(ッ)きぼうー
G
G♯dim7
2nd time only
D/A
Bm7
Em7
A7sus4A
D
Daug/F♯

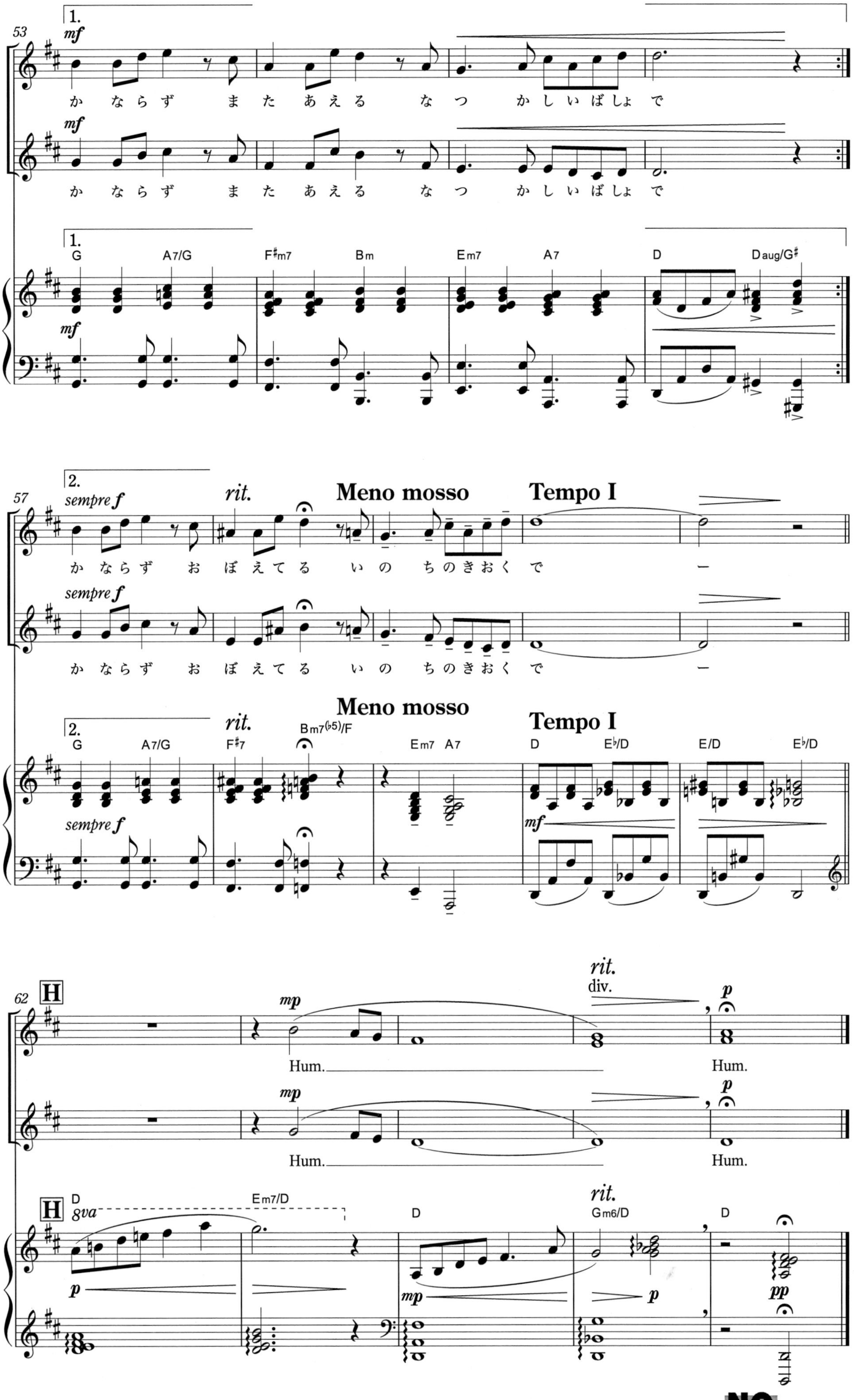
53
1.
mf
か な ら ず ま た あ え る な つ か し い ば しょ で
G A7/G F♯m7 Bm Em7 A7 D Daug/G♯
57
2.
sempre f
rit.
Meno mosso
Tempo I
か な ら ず お ぼ え て る い の ち の き お く で ー
G A7/G F♯7 Bm7(♭5)/F Em7 A7 D E♭/D E/D E♭/D
mf
62
H
mp
div.
p
Hum.
D Em7/D D Gm6/D D
8va
pp

MEMO

ELEVATO
MUSIC ENTERTAINMENT

いのちの記憶（二階堂和美）

作詞：二階堂和美

あなたに触れた　よろこびが
深く　深く
このからだの　端々《はしばし》に
しみ込んでゆく

ずっと　遠く
なにも　わからなくなっても
たとえ　このいのちが
終わる時が来ても

いまのすべては
過去のすべて
必ず　また会える
懐《なつ》かしい場所で

あなたがくれた　ぬくもりが
深く　深く
今　遙《はる》かな時を越え
充《み》ち渡ってく

じっと　心に
灯《とも》す情熱の炎も
そっと　傷をさする
悲しみの淵《ふち》にも

いまのすべては
未来の希望
必ず　憶《おぼ》えてる
懐《なつ》かしい場所で

いまのすべては
過去のすべて
必ず　また会える
懐《なつ》かしい場所で

いまのすべては
未来の希望
必ず　憶《おぼ》えてる
いのちの記憶で

MEMO